Einfach leben

U0815042

极简主义生活实践手册

DER PRAXIS-COACH

MIT MINIMALISMUS DEN ALLTAG ORGANISIEREN

[德] 莉娜 · 雅赫曼（Lina Jachmann）/ 编著
张鸣镝 / 译

广西师范大学出版社
· 桂林 ·

Cover design, book design and typeset: Andrea Trumpf (andreatrumps.de)
Cover photo: Katja Vogt
First published in the German language in 2018
Original German title: Einfach leben - Der Praxis-Coach. Mit Minimalismus den Alltag organisieren

图书在版编目（CIP）数据

极简主义生活实践手册／（德）莉娜·雅赫曼编著；张鸣镝译．—桂林：广西师范大学出版社，2021.3

书名原文：Einfach leben – Der Praxis-Coach. Mit Minimalismus den Alltag organisieren

ISBN 978-7-5598-2423-3

Ⅰ．①极… Ⅱ．①莉… ②张… Ⅲ．①生活方式－通俗读物 Ⅳ．① C913.3-49

中国版本图书馆 CIP 数据核字（2019）第 263821 号

极简主义生活实践手册
JIJIAN ZHUYI SHENGHUO SHIJIAN SHOUCE

责任编辑：季　慧
装帧设计：马韵蕾

广西师范大学出版社出版发行
（广西桂林市五里店路 9 号　邮政编码：541004
网址：http://www.bbtpress.com）
出版人：黄轩庄
全国新华书店经销
销售热线：021-65200318　021-31260822-898
上海利丰雅高印刷有限公司印刷
（上海庆达路 106 号　邮政编码：201200）
开本：710mm × 1 000mm　1/16
印张：9　字数：85 千字
2021 年 3 月第 1 版　2021 年 3 月第 1 次印刷
定价：58.00 元

如发现印装质量问题，影响阅读，请与出版社发行部门联系调换。

Einfach leben

VORWORT

前 言

通过极简生活，拥有更多时间、更多快乐、更多财富，以及更多自由。

极简生活

人人都在谈论极简，但极简的生活方式到底是什么样子呢？有些人认为，极简主义只是一个用来形容彻底清除物品和持续整理物品的生活习惯的代名词。另一些人则认为，这是一场比赛，获胜者可能只拥有不到100件东西。然而，极简主义远不是清除、整理那些积了灰尘的物品，而是一个关于放弃和确定生活中优先事项，并重新找到自我的主题。

极简生活的实现过程与考古学家的工作类似。考古学家通过重型工具去发掘一个物体，将它暴露在世人面前。在挖土机、铁锹和锄头的帮助下，考古学家发现了有考古价值的粗糙地层。在发掘过程中，越靠近中心，越要小心谨慎，需要使用精细的小刷子，一层一层地刷去年代久远的泥土，直到最终发现价值连城的核心物件。

作为一名极简主义者，你就是生活中的考古学家。通过清理和舍弃的方式，一步步将自己从物品和坏习惯中解放出来。你也是从粗糙的部分开始，由外向内地清理你的生活。

极简行为

《极简主义生活实践手册》对于所有想要撸起袖子、为了极简生活大干一场的人来说是一本非常合适的书，而对于那些有兴趣、想要踏上极简主义之旅的好奇者，以及尚未达成个人终极目标的极简主义者来说也是如此。但重点不在于此，因为极简主义对每一个人来说都是一场美丽的旅行：这场旅行已经成了你目标的一部分。

这本实践手册将会成为你的工作笔记和陪伴者，一步步地引导你实现极简生活。通过对它的积极使用，读者可以在一年内致力于极简、专注和感恩等主题，最后将会获得全新的自己。这本实践手册里有满满的练习、任务、备忘录和贴士，将有助于你尝试清理和舍弃物品，从而重获清晰的感觉。《极简主义生活实践手册》会帮助你与那些无法充实你生活的东西说再见，为新东西腾出空间。因为少了那些多余的物品、不必要的消费和不好的生活习惯，时间、财富、自由和快乐不经意间就变多了。

没有什么比你的时间更有价值，所以这本书也是送给你自己的礼物。祝你在这场专注的极简主义之旅中收获幸福与快乐。

莉娜·雅赫曼

生活中最重要的东西
并非物品。

INHALT

目 录

1 少一些
1～10

2 极简主义实践
11～56

3 我的极简感恩日记
57～120

4 多一些
121～135

如果通往极简的道路没有那么复杂，很多人都愿意过简约的生活。*

——老贾斯特斯·乔纳斯，德国法律学家、人文主义者

（*不要惊慌，这是一本简单、轻松的极简生活入门读物。）

1

Weniger

少一些

Weniger

为什么？

使用说明

“使用说明”这个词已经包含了这本书中最重要的提示：你可以积极地利用它。这本实践手册将会陪伴你一步步地踏上注意力集中的极简主义之旅，它会帮助你活成自己最好的模样。

找到属于你的“为什么”

现在你已经发现了这本书（或者是它找到了你），并准备好体验通往极简生活的过程。现在你一定迫不及待地想要摆脱多余的东西，开始轻松、简约的新生活。别着急，第1章“少一些”就是要教你找到你现在所处的状态以及生活中可以减少的东西。

在缓缓地翻开下一页，仔细检查并处理你的物品之前，我想请你稍作休息，总结一下你当下的生活。你的现状如何？拥有多少物品？它们给你带来了哪些方面的压力？你保持极简生活方式的动力是什么？

愿望与目标：你想用这本书做什么？你想通过极简的过程改变生活的哪些方面？你梦想中的“极简生活”是什么样的？将适合你的关键词标记出来，或在下方画线，也可以补充自己的想法。

完美的整理系统
减少生态足迹
少一些清理
更多的金钱
清晰度
美丽的家
空间
更多的时间去做重要的事
可持续生活
更多自由
再也不必找任何东西了
最后的清理
抵达
休息
所有平面的空间
放松
搬进小房子里居住
少一些灰尘
自我反省
少一些垃圾
寻找幻想

Weniger

有意识地减少

专注的极简生活不仅是一个可以让你摆脱多余事物的好工具，还会让你的生活变得更有秩序、更加简单。就像清理橱柜那样，调整生活方式可以帮助你从坏习惯和不舒适的感觉中解放出来。下面，花几分钟反思一下，哪些是你想从生活中减少的呢？

哪些是你想从生活中减少一些的？
在符合你想法的那些词语下方画线，也可以补充你自己的想法。

灰尘·压力·过度·争议·挫折·误购·快餐·假新闻·混乱
找钥匙·化妆·内疚感·在办公室里度过漫漫长夜·成瘾·恐惧
超重·悲观·交友软件·虚假的朋友·流泪·EXCEL表·弱点
太紧身的牛仔裤·塑料·完美主义·废旧物品·破破烂烂的衣服·垃圾

我想减少的事物

Weniger

实际检查

你当前拥有的物品

据统计，在欧洲，人均拥有10 000件物品，其中只有500件是日常用品。你知道你拥有多少东西吗？不妨现在就来数一数，以便你更加清楚地了解自己的物品，从而为极简主义之旅做好准备。你可以根据以下规则计算物品：属于公寓的物品（如火炉、洗手池等）不计算在内，食品等消费品也不计算在内，按盒或捆买回来的东西只能被算作一件（如回形针、橡皮筋等）。另外，组合套装中有意义的才能算作一件物品。例如，一套餐具、带鼠标和键盘的电脑、带床垫和板条框架的床，或者是工具箱里的东西。

在此处填写你所计算出来的各类物品的数量。

让你感觉良好的数字

极简主义并不是一场拥有物品最少者获胜的比赛，而是要找出拥有多少件物品对你来说是最合适的。对于不同的人来说，这个数字是不同的。但当你的物品减少到了理想的数量，你会立刻有所感觉，拥有太多的感觉和想要减少的欲望都消失了。而剩下的物品都经过了你有意识地选择，将会得到完全的使用和重视。

在此处填写你想拥有的、能让你感到舒适的物品数量。

Weniger

清晰度

你拥有物品，还是物品拥有你？

现在，你已经摸清了当下物品的大体状况，并将物品的数量计算出来。可能你当下拥有的物品数量与你理想中的物品数量有很大差距。不要紧，有了下面这张表，你就可以更好地了解，在哪些方面你拥有的还不够，在哪些方面你还有从多余物品中解放出来的需求。

根据你对当下各个方面物品的确切感受在表格内做标记。

	太少了	少	正好	太多了	相当多	过多以致囤积
衣服						
体育用品						
包						
美容产品						
鞋子						
饰品						
杂志						
笔记本						
CD、DVD						
发票、文件						
电子产品						
床上用品、毛巾						
书						
材料						
家具						
清洁剂						
无用杂物						
与爱好相关的物品						
装饰物						
食品						
手机应用程序						
电子邮件						
图片						
数据信息						
广告订阅、合同						
情感上的物品						

Weniger

梦幻之旅

想象一下，现在你已经完成了极简之旅。你读完了这本书，并且填写了每一页。你已经成功地经历了极简主义的过程，现在围绕在你身边的都是你喜欢的、能充实生活的物品。你的物品已经达到了让你感到舒服的数量，而且你已经清理了生活中所有多余的东西。现在你感觉如何？这种看得见的极简生活可以让你不会为许多毫无意义的小事浪费时间和精力，并会激励你从眼前明确的目标开始行动。

准确描述你现在的生活是什么样子的。你生活、处世的价值观是什么？
你是怎样生活的？你的周围是什么？你会怎样度过一天？
请在这里写下你梦想的生活中完美的一天是什么样的。

Weniger

目标拼贴

在上一页，你记录下了梦想中的极简主义生活的样子。而在这一页，你可以将它的本质和对它的看法以一种生动的方式展现出来。我们的目的是构建一幅画，画面会展现出你对极简生活的愿景。请用亮丽的颜色或漂亮的图片展现出你的未来吧。

使用不同颜色的彩笔，或从杂志上剪下一些图片，将这些碎片拼合成一幅拼贴画。在这个练习中，最重要的工具是你的想象力。

Weniger

极简主义口诀

极简主义的过程可能会令人精疲力竭，也可能会令人分外激动，有时甚至会给你一个很糟糕的开始。当你把大大小小的物品从橱柜和抽屉里拿出来查看时，你可能会在短时间内陷入混乱。而下面这些口诀也许可以帮你冷静下来。

你可以选择一天中任意时间整理物品，同时平静地重复下面的口诀，让自己冷静下来，专注在手头的整理上。不管家中暂时看起来多么混乱，有了这四句口诀，你就可以收拾出一个平静的避风港。

1 **我已经足够了**

你竟然感到足够了，这太不可思议了。

2 **放弃**

你可以在任何场所默念这句口诀。吸气时平静地念“放”，呼气时则念“弃”。

3 **静由我始**

在这句口诀中，每念一个字，将一根手指的指尖并到大拇指处。在你念“静”时，将小手指并至大拇指处，然后念“由”，无名指跟上，接下来是中指，此时念“我”，最后则让食指与大拇指会合，以“始”字结尾。

4 **LOKAH SAMASTAH SUKHINO BHAVANTU**

这句梵文的意思是：愿世人幸福、自由。愿我的行为、思想和言辞能以某种形式为所有人的幸福和自由做出贡献。你可以将这句经文看成一句会带来幸福的“咒语”，有助于培养爱心和慈悲心。

哪些句子能帮助你平静地度过一整天？当你周围非常混乱时，是哪些因素让你感到失望？
请在这里写下你个人最喜爱的口诀。

Weniger

奖励

有时候，只需在我们面前放上一些奖励，我们就可以完成得很好。所以，每当你觉得需要一些刺激自己前进的动力时，不妨挑选一些东西，让自己变得快乐起来。你可以从下面挑出适合你的奖励。

走进森林　从二手商店买一些新东西　欣赏艺术

浴盆　冥想　跳舞

喝茶　睡觉　涂指甲油

桑拿　与别人合奏一曲　运动　看电影　比萨

抚摸猫咪　在跳蚤市场闲逛

蛋糕　画画　什么都不做　约会之夜　大笑

阅读　散步　按摩

给妈妈打电话　帮助他人

钱乃身外之物。

2

Praxis

极简主义实践

Praxis

极简主义生活的四个步骤

练习成就极简主义者

接下来的几页都是满满的任务和练习，你可以自行决定以什么样的速度、花多少时间在某个极简主题上。如果有些主题你很快就完成了，那完全可以马上进行下一个主题。你也不必非按书中的顺序进行，完全可以按照对你来说最有意义的顺序去思考这些主题。至于那些已经完成的内容，还是赶紧将它勾掉吧。

怎么做？

很简单。你只要像切萨拉米香肠一样系统地前进，一片一片地来，就不会出现负担过重或失望沮丧的风险。在后面的内容里，我会教大家一步步查看自己的家和家中的物品。每一类物品你都可以按下面的方式来处理：

1 概观全局

把当前你正在处理的这个类别的所有物品集中到一起，哪怕它们分布在不同的地方。例如，如果任务对象是衣服，那么别忘了从衣柜里取出夹克衫，从地下室取出装旧衣服的袋子，从车里拿出运动背包。如果可能的话，将全部物品都平摊在面前。我喜欢把这一刻称为“真相时刻”。在与物品的对抗中，那令人惊讶的物品数量会让你变得果敢而坚决。

2 提问：它是否丰富了我的生活？

将每一件物品都拿到手中，然后问自己一个问题：它是否丰富了我的生活？

短暂地感受一下你与物品接触的感觉。起初这听起来可能让人觉得很奇怪，特别是面对那些没有任何感情寄托的物品，如厨房用具或是床上用品。但你试试看，只要少许的练习，你就会感受到这件物品能否让你真正快乐，又是否值得在你的生活中占有一席之地。

3 固定位置

当你确定了一件物品能够丰富你的生活后，就可以为它寻找一个固定的位置了。然后马上把留下的物品摆放到它的新位置。下次，在你使用完某样东西之后，要记得物归原处。你可以想象一下，那些物品就住在那里，在完成了一天漫长的工作之后，它们也期待着回到自己的家中。

4 说再见

剩下的那些物品该怎么办？必须提醒你，大量积攒物品并不能充实生活。你应该学会和不必要的物品说再见，让它们离开。你可以在告别日记中记录下这些物品，给予它们最后的尊重。通过这种方式，你既能留下对这些物品的记忆，又不用再继续拥有它们。如果可能的话，你可以将这些物品传递给别人，让它们重获新生，或者进一步回收。

1
概观全局
2
提问：它是否丰富了我的生活？
是
否
3
固定位置
4
说再见
清除
回收

Praxis

清除旧物的建议和准则

实际上，除了“它是否丰富了我的生活”这个问题外，你不需要问其他任何问题，只需要一些直觉。不过下面这些建议和准则可以在你心存疑虑的时候帮助到你：

专注于要保留的物品

始终专注于你想要保留下来的东西。将你的注意力放在这些物品上，而不是那些要被清理掉的。

相似的东西

你到底需要多少条毛巾？多少条瑜伽裤？多少支圆珠笔？如果同一类别的物品有很多，就有必要做出选择，挑选出你最喜欢的。

1年原则

所有在一年里没有用过的东西都可以立即清理掉。我知道有些人甚至做得更极致：所有在过去90天里没有使用、在接下来90天里也不会使用的东西都可以被清理掉。

20-20原则

所有在20分钟内，用不到20元钱就能重新买到的东西都可以清理掉。

你会……？

你现在还会再买这件物品吗？你会以全价购买这件物品吗？

后路

有一些物品也许会让你难以抉择，那不妨将其装进标有日期的纸箱里，让它们远离你的视线。如果你在三个月里并没有想起它们，那就可以果断地和它们说再见了。

我们拥有的是当下

你要放弃一种想法，即某一件物品可能在将来的某一天用得上。我们关注的应该是此时、此地，是什么丰富了你此刻的生活。

训练

把这本书当作你的个人训练手册，特别是当你从零开始的时候、到达极限的时候，不要急躁：练习可以成就极简主义。

“去世”前清理

有些人会有这样的想法，认为他们在为后代整理财产和物品。因此他们在评估自己的物品时会保持一定距离，就好像这不是自己的一般。他们还会问自己，如果是在去世之前进行最后的清理，应该留下什么。

是时候让它离开了

秩序的基础
是一只大废纸篓。

——库尔特·图霍夫斯基，德国诗人

撸起袖子干

现在到了清理的时候了，从上到下，从外到内。一般来说，每个类别需要花5分钟到1小时。不过你囤积的东西越多，当然就需要越长的时间。每整理完一个类别后就把它勾掉，这个过程无须按照顺序进行，可以从简单的开始。同时，别忘了把放弃的物品写进告别日记。如果放弃的东西太多，也可以只记录类别或者特殊的物件。方便的话，可以用一根细绳做书签，以便在书页之间来回翻动。

速度与频率

你完全可以自主决定在什么时候、以什么速度来处理每个主题。不要和别人比较，每个人都有适合自己的节奏。你可以每天处理一个，也可以隔上几天，如每周一次，处理几个主题。熟练之后，你就可以独立地进行清理，使之成为一项日程安排，一种生活中重要的习惯。

一开始进行的时候，最好固定整理的日期，以便对自己形成约束力。如果碰到某个对你来说不重要的类别，你完全可以将其跳过。

与整理约会

通过清理，你的生活状态会得到改善。好听的音乐、舒适的服装、一大杯茶或是一块饼干，这些东西都能让你心情愉悦。静静地庆祝一下极简主义生活的进程，把清理的过程当成和自己的一场约会吧。

让它们离开，但是要去哪儿？

我们常常感到对属于自己的东西负有责任。当我们做出放弃它们的决定时，这种责任感并不会消失。因此，如果可能的话，尽量让这些东西重新流通。一件物品无法为我们服务，并不能说明它失去了价值。给物品两次、三次甚至更多次的生命是可持续的行为，也会给其他人带来快乐。

Praxis

物品的再次流通

通过前面的练习，我们已经确定了物品是否能丰富自己的生活。如果你不想再拥有某样东西，就可以考虑如何可持续地处理它。有些使用过的物品，如果无法修理，那就只能送去废品收购站。但对于那些仍然可以使用、但无法再丰富你的生活的物品，可以让它们重新流通起来。对此你有多种不同的选择，如出售、赠送、交换或者捐赠。

在这里，你可以找到各种各样的途径和渠道，让整理出来的东西得以再次流通。

出售

出售保存完好的物品：通过跳蚤市场、超市的招贴、城市杂志的广告、网络平台等。

请在这里写下你周边跳蚤市场的地址和开放的时间。

修理

维修各种物品的店铺还是比较常见的，在那里，你可以在专业人士的帮助下修复物品。

请在这里写下你周边各种维修店铺的地址和营业时间。

赠送

直接途径：你知道有人需要且非常期盼得到这件物品，那就可以直接送给对方。替代方案：将物品放在赠品盒中，把赠品盒放在小区楼下，并留下说明的纸条。

捐赠

一些公益组织会接收保存完好的实物捐赠，并将这些赠品放在他们的商店里出售，通过收益为有意义的紧急援助和发展项目提供资金。例如，在德国，人们可以将整理出来的衣服送给德国红十字会、慈善组织等团体。善用搜索引擎，你会发现在我们的身边其实也有许多会感激你的捐赠的社会机构。

请在这里写下你周边可进行捐赠的机构地址和开放时间，再写下咨询电话的号码。

回收利用

损坏了且无法修复的东西必须扔掉。不过许多物品并不能作为生活垃圾进行处理，而应该进行回收处理。以下是一些需要送到废品回收站进行专业处理的东西：冰箱、电视机、电脑、打印机、小家电、油漆和颜料等有害废料、废金属、电缆、DVD、CD等。

请在这里写下你周边垃圾回收站的地址和开放时间。

交换

这是一种经典的双赢方式。你摆脱了多余的物品，给另一个人带来了欢乐，同时还阻止了两次新的消费行为。

丢弃

丢弃往往是最后一个选择。不过不要忘记，要尽可能将可回收物品分离出来。请注意当地垃圾回收的提示和建议。

Praxis

包、衣服

手提包、钱包

将所有手提包和钱包收集到一起，把里面的东西全部倒出来，把包内彻底清理干净。确定哪些包还能丰富你的生活，然后放弃剩下的那些。单独确认包里的每一件物品，将它们一件件拿在手中，平静地做出决定。但也不要给自己太多时间，而应该跟随自己的直觉。如果从包里取出的某件物品与任务有关，如干洗后的衣服，请根据当时的情况进行相应操作。将所有保留下来的东西，重新放回留下来的手提包和钱包中，然后将这一项勾掉。

恭喜你成功清理了生活中的第一个类别，踏上了极简主义生活的旅程。在以下的类别中，我不会再复述这个过程，因为现在你已经知道该如何操作了。

衣服

把所有的衣服都堆在一起，抓住这个机会将橱柜和抽屉都擦洗干净。下一步是在自己的衣服堆里进行再次“购物”，挑选出你最喜欢的衣物。你觉得哪些衣服穿在身上真的舒服？哪些是你一穿再穿的？可以立即把这些衣物放回衣柜。如果你不太确定自己喜欢穿什么衣服，不妨看一看晾衣架，因为那里挂着的基本上都是你喜欢的类型。重新整理衣柜的过程不能太讲求科学，你可以将这些衣物或挂、或卷、或堆，也可以叠起来放在抽屉中。哪一种方式最适合，取决于衣物本身的情况以及你存放衣物的习惯。重要的是，所有衣服都要在你视线所及的范围内，并且不要相互遮盖。

在挑选出最喜欢的衣物后，可能还会剩下一大堆。所有破了的、洗得褪色的、磨损的，或者穿起来不舒服的衣服，都该马上清理掉。剩下的，你可以根据第12、13页上我们熟悉的四步原则进行处理。

! **贴士**：邀请你的朋友来参加换装派对，以便将整理出来的衣物与朋友分享。

在这里写下第一次换装派对的日期，以及你想要邀请的人。

日期 ______________________

主题 ______________________

客人 ______________________

____

____

我准备的交换物品

____

我喜欢的新交换来的衣服

____

Praxis

决策工具

如果你还需要一些支持，可以按照下图中的箭头进行选择。不要对自己太严苛，毕竟我们才刚刚开始。

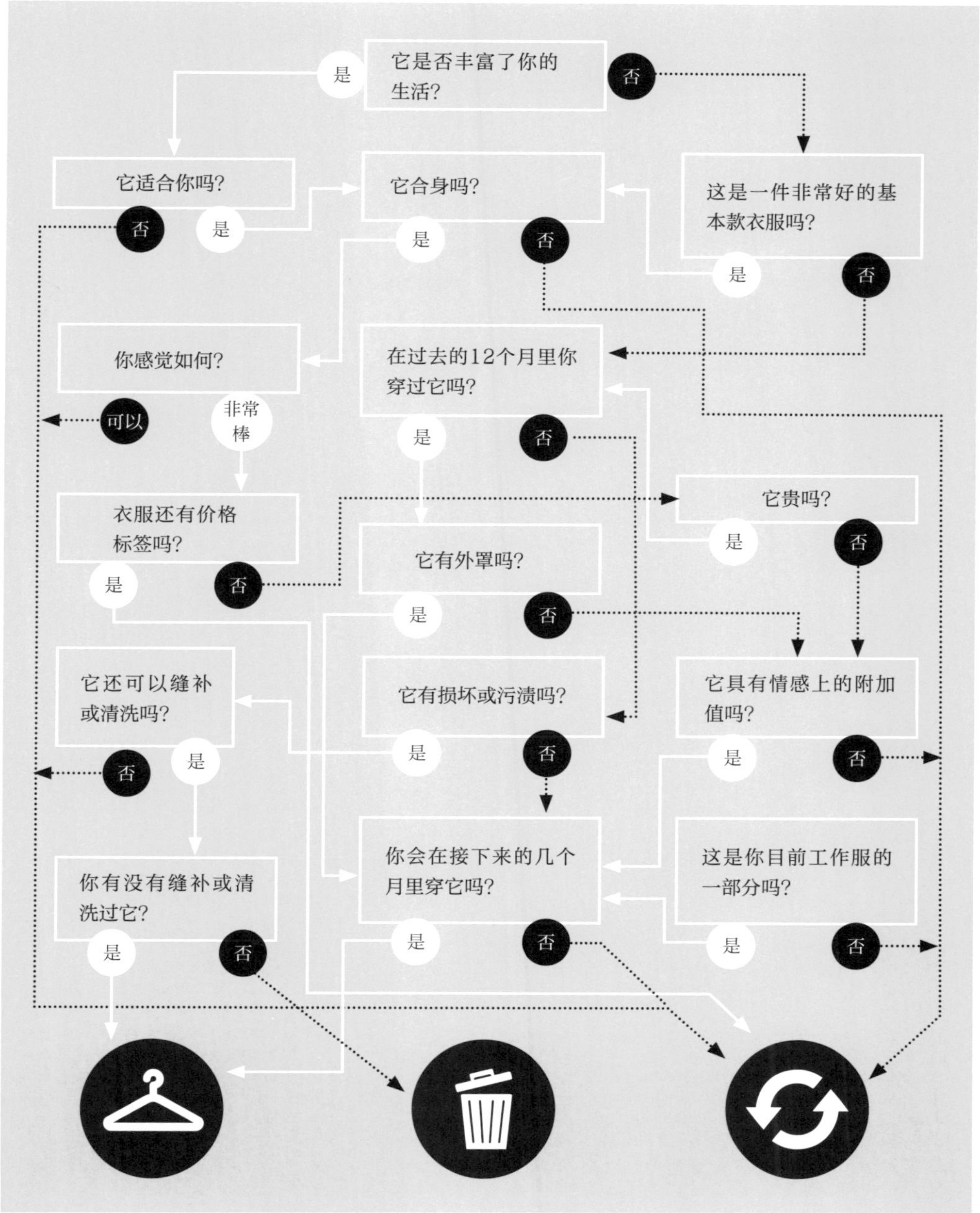

鞋子、饰品与浴室用品

鞋子

请和穿着不舒服、没有穿过的、不喜欢的鞋子说再见。再问问自己，这双鞋子是否适合你目前的生活模式。走路的时候，你是喜欢穿高跟鞋还是运动鞋？将自己从他人、社会或者时尚的价值观中解放出来。

饰品

在本节中，饰品指的都是非常小的物品，包括手表、皮带、珠宝、发饰、帽子、丝巾、太阳镜等。在这个类别中，很多东西都是我们很少使用的。请将注意力放在你最喜欢的饰品上。什么能让你开心？如果你不确定，可以戴着它照一张照片，然后保持一定距离，看看它是否适合你。

浴室用品

该类别包括：化妆品、香水、护发产品、护肤品、口腔和卫生用品、指甲油、刷子及发卡等。你可能会惊讶，这个类别竟如此庞大。当你把其中一些东西涂在皮肤上时，一定要记住，皮肤是人体最大的器官，与皮肤接触的化学成分可能会进入你的体内。你的皮肤和身体应该享受最好的护理。最好只使用成分安全的产品。许多护理产品也可以用食材制成，只需几个简单的步骤。在本书的配套图书《极简生活家》中，你会找到很多这样的配方。

你还可以尝试一下无包装产品，利用固体肥皂和洗发皂代替传统的沐浴露、液体肥皂、泡沫啫喱以及装在塑料瓶里的洗发水。可替换刀片的剃须刀、月经杯以及可以使用多年的可洗化妆棉，都有助于避免产生大量的垃圾。

杂志、数据存储设备、书

杂志和报纸

你得面对一个现实：如果你今天没有时间、没有兴趣读一篇很长的文章，那很可能在明天、未来几天，甚至几周你都不会去读。所以，旧杂志和旧报纸最好还是及时处理掉。

手机应用贴士：如果你仍然觉得很难放弃这些东西，可以使用手机扫描程序，将内容备份保存下来。

笔记本

仔细检查一下，你到底买了多少笔记本，实际上你究竟需要多少，以及这些笔记本可以拿来做什么。很多事情其实都可以记录在手机上，这样还能节省宝贵的纸张。

CD、磁带、录像带

旧磁盘里的内容可以复制到电脑上，再转移到移动硬盘里。然后你就可以将CD、磁带、录像带整理出来，出售、赠送、捐赠或者扔掉。

早已过时的磁带、录像带中含有对环境有害的物质，不能直接丢弃。而且，如果没有人愿意收留这些东西，你得将它们作为废弃物品单独处理，不能拿去回收，因为其中的带子可能会缠绕在废弃物品分离设备的传送带上，影响设备运行。

书

当一本书成功充实了你的生活后，它就完成了使命，可以继续传递给其他人。有很多方法可以做到这一点。例如，你可以把书推荐给亲朋好友，或者和邻居在楼梯间里建立一个图书交换角。一些图书馆也十分欢迎捐赠图书。当然，你也可以选择在网上出售二手书。

电子设备

电子设备

电子设备包括在各种场所使用的：客厅、厨房、浴室、书房、游戏室以及花园里的，另外，别忘了电缆和电池。重要提示：带有电源线、电池，或者说所有需要电池供电的设备都不能归入生活垃圾。许多旧设备中包含有价值却很危险的物质，例如，电路板中含有金、铜、锡和铅等重金属，这些成分只有通过专业处理才能重新使用，需要将有毒或危险的物质分离出来并清除。

电池的处理相对容易：很多大型超市在结账区都设有回收盒，用来回收用过的旧电池。自2015年起，德国批发商和大型专业商店都有义务在人们不购买新设备的情况下免费回收电器，并进行专业处理。因此，很多德国人都选择将损坏后无法修复的电视机或者其他家用电器交还给商店。

! **贴士**：那些无法再使用的座机、老式手机、智能手机以及平板电脑可以被回收处理，这才不会破坏环境。

资料、工作材料

发票、单据、文件

即便把这些东西拿在手中，估计你也无法清楚地说出它们是否能充实你的生活。这些东西的确是为数不多的例外。在德国，税务材料可能无法直接充实生活，但根据法律，人们要将它们保存十年。

你可以根据最喜欢的方式来整理这些需要保留的文件：有的人喜欢悬挂起来的储物袋，这样就可以简单地把文件放进贴有标签的袋子里；有的人则喜欢使用传统的文件夹。重要的是，你可以只花很短的时间就能检查和处理文件。对于那些不需要保留原件的文件，扫描后在电脑中存档即可。

扫描后存进电脑的文件要整理好放进文件夹。请先大概了解你手中的材料，按照主题分门别类，采用标记好的分隔标签，让文档一目了然，方便查找。

少数需要以纸质形式保存以及需要保存原件的材料和文档，可以保存在方便搜索、查找的文件夹中。至于那些不是最新的但仍需保存的文档，可以将它收起来，放在看不见的地方。每年年底的时候再检查一遍这些资料，看看哪些可以丢掉，将它们整理出来。请记住，热敏纸购物小票并不属于废纸，因为这种纸上有热敏涂层，需要单独处理。

工作材料

在这一点上，我们首先处理家中工作场所的材料和工具。将各处的材料、铅笔、纸、回形针都收集起来，大方地和它们告别，只把你真正喜欢的且经常使用的保留下来。

家居用品

床品、桌布、毛巾

此类别包括床单、枕头、毯子、毛巾、浴巾、沙滩巾、席子、桌布、擦碗布、餐巾纸等。

这个类别的用品经常会有重复。让自己和那些变色、变形以及洗到褪色、不能让你感到快乐、数量太多的家居用品说再见。

贴士：使用旧毛巾或者双面起绒呢被套可以轻松地缝制出可重复使用的化妆垫。根据所需尺寸将织物剪成圆形或方形，再用缝纫机或手工将所有部分缝合即可。

清洁用品

各种铺天盖地的广告无不向我们证明，人们需要一种适用于各种地方的强力清洁剂以及各种清洁设备才能搞定家里的卫生。但事实上，你可以简单地用棉布和生态环保的家用洗涤剂来清洗房子里的所有物品。

贴士：你也可以自己制作清洁剂。自制的清洁剂制作起来很快，而且物美价廉，对环境和健康也有益。将1勺醋精与300毫升的水混合，并将混合物倒入一个空的喷雾瓶中。可以再滴入两滴天然精油，以便在清洁时还能伴着好闻的香味。

废旧物品

每个人都会有一个让人纠结的抽屉，里面积攒了所有不属于某个特定类别的物品。我们也会将一些总觉得在某个时刻也许会需要的多余物品囤积在这里。在过去的一年里，可曾有过这样一个“也许”的案例？把保留下来的物品重新放回抽屉里，让所有物品都拥有一个固定的位置，这样你可以将所有东西都看得很清楚。当你能够看到某样东西时，就增加了定期使用它的机会。为了里面的东西不会在打开抽屉时到处滚动，你可以在抽屉底板上放一块橡胶垫，或是用旧鞋盒为抽屉隔出一个固定的内部空间。

即使是在整理完之后，也要留意这个抽屉，因为里面的东西很容易就又一次积攒起来了。请再次阅读第12、13页，了解如何通过四个简单的步骤来防止这种情况出现。

房 子

身边的物件

清除身边凌乱摆放的物件，清空桌子、抽屉、架子、橱柜、杂物箱和窗台的表面。想象一下，如果以后只需要清洁空无一物的表面，那你打扫卫生的速度该有多快？请仔细考虑：你想将挑选出来的物品放到哪里？哪些物品是你想展示出来的？

家具

对于怎样布置房间、用哪些家具布置房间，每个人心里会有一个想法。但是这个设计是否符合你的需求，与你的日常生活相适应呢？再看一下第6页你描述的场景，看看你是否拥有与理想生活相适应的家具。问问自己，如果是现在，你是否还会购买这些物品？也许通过极简主义的进程可以将一些家具解放出来，也可以让你和那些你现在无法丢弃的多余物品说再见。

贴士：将好看但没有使用过的家具赠送给你的朋友和熟人。这样当你去拜访他们的时候，你也会为再次看到这些物品感到高兴。

装饰品

认真地问问自己：你究竟想要多少件装饰品？哪些装饰品适合你？每一件装饰品都需要你的关注，它也需要有人观赏、需要定期除尘。再看一眼第7页上你拼贴的图片，这会对你有所帮助。回忆一下你想构建什么样的心情，哪些装饰品是与你对简约、美好生活的憧憬相匹配的。

Praxis

厨房

冰箱

借此机会将冰箱清空，为冰箱除一次霜，并进行彻底的清洗，把过期的食物处理掉。

将留下的食物放好，确保每一件物品都放在一个固定位置。如果你从冰箱里取出什么东西使用，请在用完之后将它放回原处。在进行下一次购物之前，先尽量把冰箱里的食物吃完。

橱柜

一次性把柜子和抽屉里所有的东西都拿出来，相信很快你的面前就会摆满各种乱七八糟的物品，请关注那些你喜欢的、每天都会开开心心使用的东西。然后再将那些有裂缝的、少了盖子的罐子，样子差不多的多余物件挑出来。最后轮到那些你几乎没用过的餐具了，请坚定地与它们告别。

贴士：塑料中的塑化剂会随食物包装进入食物中。建议购买质量好的水瓶或者是由玻璃、不锈钢制成的存储容器。

食品柜

将柜子清空、擦净，看看食物是否变质。也许这里面有一些你根本不喜欢吃的东西。你可以把这些食物送给朋友或邻居，然后把剩下的食物装进用橡胶密封的玻璃瓶中。这样你就能对家中食物的存货始终有一个大体的了解，同时，这种保存食物的方法还能防止飞蛾等害虫接触食物。此外，这样的食物没有了丑陋的包装，从外观上看起来简约、漂亮，这也会唤醒你做饭、研发新食谱的欲望。

Praxis

手机、电脑

智能手机

你到底在你的手机上花了多少时间？这是否与你“过得开心”的想法相符？在你开始清理手机之前，请再看一看第2页上的原因。花在手机上的时间是否丰富了你的生活，让你更接近你的目标呢？让我们从各种手机应用程序开始，只保留那些能让你的生活更轻松、更丰富的应用，然后坚定地将其他应用程序删除，再根据使用频率将剩下的应用程序排列在屏幕上。

浏览联系人列表并删除很久之前的联系记录，同时检查一下当前联系人的所有相关数据是否正确。删除旧短信和历史聊天记录。

关闭消息推送功能。持续不断的消息通知会让你无法专注于当下的工作。而在你想要放松时，滴滴作响的消息提示就更要命了。自然，当你有兴趣和时间去关注这些信息时，你就可以自行决定了。

请记住：没必要让自己时刻保持在线状态。

手机应用贴士

一些应用程序能显示你每天在智能手机上花费了多少时间，有的还带有计时器，你可以据此限制每天使用手机的时间。

社交平台

请查看你的社交平台。你会经常关注谁？你在社交平台认识的人也会在现实生活中一起喝咖啡吗？那些图片和文字会给你带来什么样的感觉呢？请放弃那些不能充实生活、也无法给你带来灵感的人和事。

另外，请检查你的个人资料。你的朋友都有谁？哪些人浏览了你？你在哪儿又透露了哪些信息？在现实生活中，你会分享这些照片和内容吗？你感觉这样好吗？适合你吗？

数据资料

检查智能手机和电脑上的数据。只保留真正能丰富生活和当前所需要的信息。要知道，手机和电脑每天会产生大量的数据，但其中的大部分我们根本就用不上。

Praxis

电子邮件与新闻订阅

电子邮件

从头开始整理收件箱中的邮件。首先，要确保重要附件和会话的安全，并将与当前主题和项目有关的电子邮件保留下来，然后将其他所有的邮件删除或归档。

为所有需要保存下来的邮件建立一个文件夹，通过这种方式你可以快速找到特定的电子邮件，且更容易让收件箱保持清空状态。

贴士：我们的目标是每天（工作日）结束时都让电子邮箱保持清空状态。有一些规则对于电子邮件的处理会有一定的帮助。例如，每封邮件只处理一次，阅读邮件后，立刻决定如何处理这封邮件：立即编辑回复、转发、归入正确的文件夹，或者将它删除。如果你没有时间统一进行处理，那就不要打开你的电子邮箱。

新闻订阅

删除所有不能让生活更加充实的新闻订阅。尤其要以批判的眼光看待各种品牌发布的新闻通稿，这其中传达的有用信息很少，大部分只是为了激起你的购买欲。

Praxis

个人物品

个人物品

要完成这个任务会很难。这是一项所有人最为重视的任务。个人物品包括信件、礼品、旅行纪念品、毛绒玩具、收藏品。将每一件物品都放在你的手上，仔细倾听你内心的声音。它是否丰富了你的生活？它真的能让你感受到快乐吗？将留下的物品放在家中显眼的地方，或者放进你的小宝箱里。

照片

智能手机的出现让每个人都变成了摄影师，也给我们带来了大量的照片。请查看所有的照片，然后认真挑选：先是那些模糊不清的照片，然后是那些会引起不好的回忆的照片。如果有很多样子差不多的照片，从中选出最漂亮的一张。如果你有很多舍不得丢掉的实体照片，可以把它们扫描下来，创建一个电子相册，将生活中最美好的回忆放进去。不过，请不要忘记备份。

当然，你也可以反其道而行之：将你最喜欢的数码照片打印出来做成一本相册，并把它放在桌子上，可以反复欣赏。

那些对你来说有着特殊意义的照片，你完全可以将它们装进相框中，挂在你家里一个合适的地方。

与兴趣爱好相关的物品

先问问自己：我还会经常追求这个爱好吗？它还会给我带来乐趣吗？然后再看看，哪些东西是你的爱好真正需要的？而哪些东西坏了、没用了、过时了？哪些仅仅是为了某个项目准备的，以后都不会派上用场？将这些统统扔掉。你可能有兴趣尝试和学习新事物，那么可以在第126页实施一下这个想法。除了你自己，孩子的玩具是否符合他目前的成长状态，或者这些玩具是否在孩子长大后仍然可以使用？

Praxis

其他

汽车

全面地清理汽车，包括杂物箱、侧箱和后备箱。取出所有东西，然后将表面擦干净。仅把想要放在里边或者紧急需要的东西放在车里，而且要有固定的位置。

剩余的物品

现在你98%的物品都经历了极简的过程，但还会余下一些东西，因为每个人的生活都是不同的。

请在这里记录下余下的物品，并在成功整理完成后在第31～34页上将“已处置”项勾掉。

Praxis

备忘录

即将大功告成

下面的清单已将某些类别细分成更加详细的子项目。每当你成功清理完一个分类，都可以将这个部分勾掉。通过这种方式，你可以一目了然地看到已经完成的部分和仍未完成的部分。

在你成功整理完的类别后面打对号。如果你为自己整理出来的物品找到了新家或者以可持续的方式处理不想要的物品时，可以在第二个分类“已处置”处打对号。当你在所有类别后方都画了两个对号时，就代表着你和你的生活终于从多余的物品中解放出来了。

包

	已整理	已处置		已整理	已处置
手提包	○	○	沙滩包	○	○
旅行包	○	○	帆布袋	○	○
化妆包	○	○	电脑包	○	○
晚装包	○	○	钱包	○	○

衣服

	已整理	已处置		已整理	已处置
袜子、内衣、睡衣	○	○	女式衬衣、连衣裙	○	○
紧身连裤袜、丝袜、打底裤	○	○	夹克、大衣	○	○
裤子、裙子	○	○	运动服	○	○
T恤、毛衣、背心	○	○	浴衣	○	○

Praxis

备忘录

鞋子

	已整理	已处置		已整理	已处置
夏天的鞋子			上班时穿的鞋子		
冬天的鞋子			运动鞋		
休闲鞋			轮滑鞋		
家居鞋			溜冰鞋		

饰品

	已整理	已处置		已整理	已处置
手表			首饰		
皮带			发饰		
围巾			太阳镜		
手帕			帽子		

办公材料

	已整理	已处置		已整理	已处置
杂志			电子设备		
报纸			配件、电线		
笔记本			转接器、插头		
CD			发票		
磁带			单据		
录像带			文件		
书			办公室用品		

Praxis

备忘录

浴室用品

	已整理	已处置		已整理	已处置
化妆品	○	○	头发护理产品	○	○
刷子	○	○	皮肤护理产品	○	○
香水	○	○	指甲护理产品	○	○
口腔护理产品	○	○	卫生用品	○	○

家居用品

	已整理	已处置		已整理	已处置
床上用品	○	○	废旧物品	○	○
桌布	○	○	周围的物件	○	○
毛巾	○	○	家具	○	○
清洁用具	○	○	装饰品	○	○

厨房用品

	已整理	已处置		已整理	已处置
冰箱	○	○	烘焙用具	○	○
冷柜	○	○	盆、锅、炉子、模具	○	○
杯子	○	○	海绵、刷子、抹布	○	○
玻璃瓶、大腹瓶、壶	○	○	存储容器、罐头瓶	○	○
碗、碟	○	○	垃圾袋	○	○
餐具、厨具	○	○	厨房设备、配件	○	○
砧板、刀	○	○	食品储藏柜	○	○

Praxis

备忘录

电子产品相关

	已整理	已处置		已整理	已处置
智能手机	○	○	电子数据	○	○
手机应用程序	○	○	电子邮件	○	○
社交媒体	○	○	新闻订阅	○	○
电脑	○	○	广告订阅	○	○

个人物品

	已整理	已处置		已整理	已处置
数码照片	○	○	日记	○	○
相似的照片	○	○	礼物	○	○
与爱好相关的物品	○	○	纪念品	○	○
游戏	○	○	毛绒玩具	○	○
信件	○	○	收藏品	○	○

其他

	已整理	已处置		已整理	已处置
汽车	○	○	设备	○	○
车库配件	○	○	工具	○	○
______	○	○	______	○	○
______	○	○	______	○	○

Praxis

衷心祝贺

恭喜，你做到了！你已经成功整理并减少了自己的物品。现在围绕在你身边的都是能让生活更加丰富的物品。但在此之后，你还有一系列的工作要做。浏览你的告别日记，看看你已经放弃了多少东西。查看一下第9页，为自己找一个奖励。你会有更多收获！

到目前为止，你是如何体验极简过程的？现在感觉如何？当你看到焕然一新的家时有什么想法？你的生活发生了怎样的变化？

以下的空间是为你的这些想法准备的。

内心的想法

在过去的几天或几周里，你会从清理的过程中学到一样东西：倾听内心的声音。到此为止，这项工作你已经做得很好了，我们将继续前进：去面对那些生活中的非物质的部分。

Praxis

放弃塑料制品

难进的门

在过去的几天甚至几周的时间里，你终于把自己和家从多余的物品中解放出来了。在这个过程中，你可能会发现一些完全不记得自己拥有的物品，更不知道它们是从哪儿来的。

为了避免再有这种情况发生，从而失去刚刚获得的如此奇妙、简约、结构化的生活，你要成为你那道门的守护者，严格地选择让谁或是让什么东西进来。

所有不能丰富你生活的东西都将被留在门外，如塑料制品，尽可能避免它出现在你的生活中，它对健康、对环境都不好。

练习：禁用塑料

尝试一个星期，持续地远离塑料制品。在传统的超市里购物，想要购买到无塑料包装的商品并不容易。不过你可以尝试去菜市场，或者新型的提供可重复使用的包装的商店。

减少塑料的十大技巧

1 **固体肥皂**

用固体肥皂代替传统的沐浴露和装在塑料瓶里的洗发水。

2 **水瓶**

用钢或玻璃制成的水瓶盛装和饮用自来水，而不是购买塑料瓶装水。

3 **可洗毛巾**

用植物油浸泡毛巾可以制成可洗的湿巾或是化妆棉。

4 **帆布袋**

提前准备好，带上自己的袋子和容器。

5 **钢制吸管**

去餐厅就餐时，退掉吸管和餐巾纸。作为一个专业的极简人士，你可以自带不锈钢吸管或玻璃吸管。

6 **无包装商店**

看看你附近有没有无包装食品商店，菜市场也是不错的选择。

7 **面包盒**

购买一个质量好的不锈钢面包盒。

8 **洗涤剂**

自己动手制作洗涤剂。第24页有专门的配方。

9 **烹饪**

尝试新的食谱，用无包装的新鲜食材自行烹饪。

10 **杯子**

买一个带盖的玻璃杯或不锈钢杯子。

Praxis

盘子里的极简主义

在极简主义生活方式养成的进程中，你已经整理了冰箱和食品储藏柜。在这种情况下，你也可以反思一下自己的饮食习惯和质量。你的饮食对健康有益吗？它能给予你能量吗？你吃饭花费的时间多吗？你喜欢这些菜吗？

练习

试试自己做一个星期的饭，调整一下烹饪习惯和饮食习惯，尽量使用未加工的新鲜食材。你还可以尝试一下戒掉甜味剂，看看这种方式能不能给你的极简生活带来幸福感。

计划一整个星期的健康饮食。
你也可以邀请朋友来做饭，一起做好吃的食物，一起获得更多的乐趣。

	早饭	午饭	晚饭	零食
周一				
周二				
周三				
周四				
周五				
周六				
周日				

Praxis

不购物清单

现在，把你认为有迫切需要的，或者你渴望了很久的东西写出来，然后尽量推迟购买。想想看，能否找到可替代的物品？能否通过其他途径来获得这些东西，如借、自己动手做、交换？在计划购物的时候，你应该养成一个习惯：把钱看成选票，你有权决定将它投给哪些公司、哪些商品。

请你写一份不购物清单。

日期	物品	购买以外的获取途径
（例）2019年3月2日	电磁炉	向邻居借

Praxis

消费间歇

不知从什么时候起，“约会一定要消费”变得理所当然：喝咖啡、吃大餐，或者看一部新电影——消费主义真的无处不在。现在，请你尝试一下，有意识地和自己约定不消费。

与家人、朋友一起计划一些和消费无关的活动。

做什么	和谁	什么时候

散步·收集野生植物·轮滑·坐在屋顶上·自行车旅行
在图书馆度过一个下午·去游泳·观看日落
收听无线电中的音乐会·一起烧烤·服装交换派对·做手工
唱歌·谈话，直到说完所有的内容·打牌·家庭影院·讲故事

Praxis

财务明细

你对待金钱的态度慎重吗？你知道自己每个月的钱都花到哪儿了吗？请记住，金钱也是一种我们获得之后又传递给他人的能量。你可以通过极简主义生活方式节省开销，没准儿还能因此让自己不用忙于工作，也可以满足自己的愿望，如旅行或者选择更加健康的有机食品。固定生活成本的降低意味着更多的生活空间和自由。养成记账的习惯会帮助你实现这一点。记账可以让你清楚地了解自己的财务情况，从而减少并优化支出。你可以按照下面的形式来设计记账本，也可以使用一些记账类的手机应用软件。

请在此处记下你每月的固定支出和经常性支出。

支出项	月份	月份	月份
房租			
附加费用			
电费			
医疗保险			
养老保险			
电话费			
网费			
交通费			
日常用品			
食品			
外出就餐			
外出娱乐			
门票			
运动			
衣服			
健康			
教育			
礼物			
旅行			
捐赠			
其他			
支出总计			

Praxis

减少固定支出

记住，你花费的不是金钱，而是为了赚钱所消耗的时间。所以在决定买一样东西之前，请看看你的时薪，计算一下，为了这次消费你需要工作多久。

固定支出越低，你的自由度就越高。认真检查目前你的消费情况与提供服务的商家，它们还适合你吗？你需要一直进行这些消费吗？你想要取消或在下次终止哪些消费项目呢？你希望终止哪些消费合约，更换一个更实惠、更环保的商家呢？

请在下表中写下你当前所有的消费合约（手机、电费、保险、健身……）、贷款清单以及相应的合约编号。同时记录下当前的服务商家和下一个可能的终止日期。

合约	合约编号	解约通知期限	到期时间	更换为

Praxis

交谈的措辞

人类的大脑几乎在不停地思考，每个人每天大约会产生60 000个想法。你始终都在大脑里和自己对话，同时谈论着自己。这个时候，你一般都使用什么样的词语呢？你会对你自己充满爱、耐心和重视吗？你会对自己使用和你最好的朋友说话一般的方式吗？

在与自己和他人交谈的过程中，你想减少哪些词语和表达方式呢？

Praxis

人际关系整理

花点时间思考一下你的人际关系。你的人际关系中所有的一切都是清晰有序的吗？是否存在一些私人或者工作上的人际关系会给你带来压力，也没有丰富你的生活？也许你总是无法坦诚地说出自己的真实想法，或者想要弥补，向你伤害过的人道歉。有没有你还无法原谅的人？你想完全放弃一段人际关系吗？仔细检查人际关系之后，建立起相应的秩序。这时你可以学习一下马歇尔·罗森伯格博士的非暴力沟通原则。我们可以在下一页简单学习一下。

请在这里写下你想要与之建立正常人际关系的人。

谁	什么事	什么时候

Praxis

令人愉快的谈话

人际关系是非常复杂的，很容易让人产生误解。如果我们不能清楚地表达自己的愿望、需求和反馈，人际关系很快就容易变得很混乱。马歇尔·罗森伯格博士认为，非暴力沟通是一种彼此尊重的、有联系的、有同理心的沟通，没有判断与评价。因此它也被称为心灵的语言。这种沟通方式可以帮助你改善与亲人、朋友、同事以及爱人的关系。

清晰、顺畅的非暴力沟通可以通过以下四个步骤实现：

例如：你的爱人说他会把垃圾带走丢掉，但他没有。

1 **中性感知** 完全中立且不做评判地将你的感觉描述出来。	我看到垃圾放在走廊上。
2 **说出你的感受** 说出你因这样的情况产生的感受。	这让我很伤心，也让我有点儿失望。
3 **说出你的需求** 认识到你的感受背后的需求，并将它表达出来。	整洁对我们家来说很重要。
4 **请用适当的语言表达** 面对面说出你的具体想法。	如果你答应了的话， 下次记得把垃圾拿出去丢掉。

通过非暴力沟通，你会把自己从交流的压力中解放出来，可以将真正想要说的话干净利落地表达出来，无可指责。

! **贴士**：请根据这四个步骤计划一次谈话。

Praxis

时间的价值

你拥有的最珍贵的东西是时间。你用时间来做什么？在左栏中列出你当前时间的使用情况，并在右栏中列出你想要处理的事情。真正能让你感到快乐的是什么？什么事会让你觉得时间在飞速流逝？你必须做的事情和你想做的事情之间的关系该如何平衡？

根据你目前经常做的，或者你想要做的事情的频率，给日常活动重新排序。

我经常做的事情	我想要做的事情

如果你的列表中左右两列的内容明显不符，
请在这里写下三种具体方法去改变这种状况。

1

2

3

Praxis

工作效率

在现代人的眼中，忙碌是件值得赞颂的事。所以我们的待办事项列表通常要比想做事项列表长很多。然而未完成的事项越多，最后我们为毫无意义的小事浪费时间的风险就越高。每一项未完成的任务都会占用你的注意力、降低你的工作效率，即使你根本还没着手去处理它。而专注的极简主义有助于你全面掌握堆积如山的任务，然后有针对性地减少待办任务。以下的建议和小技巧将帮助你提高工作效率，精简待办事项清单。

1 **早晨例行公事**

良好的晨间习惯（见第130页的“清晨惯例”）可以让你的一天有个完美的开始，让你能够心平气和地专注于待办任务。

2 **设置优先级**

仔细想想哪些工作是真正重要、必须马上完成的，然后列出待办事项清单，设置当天切实可行的目标。

3 **“吃青蛙”法**

这种方法就是在一天开始的时候将你全部的精力都投入最重要的工作，即使这些工作起初令人不快或者非常困难。

4 **小步骤**

为了达成目的，将每项任务分解成一个一个的小步骤，确保能形成具体的行动。

5 **专注**

一般人的大脑无法同时处理几件事，所以在处理任务的时候一定要专注。

6 **休息**

定时休息、喝水或不含糖的茶。如果必须在办公桌前工作，你可以在办公桌间做一些小运动。

Praxis

目标达成

练习：请写下三个最重要的任务，并将它们分解到具体的实行步骤，以引导你迅速达成目标。

1 任务1

-
-
-
-

2 任务2

-
-
-
-

3 任务3

-
-
-
-

Praxis

五个知己

一般来说，每个人身边平均有五个知己好友。你是这五个人的中间点，你会花费大量的时间和他们在一起。根据“同伴效应”，人们会模仿身边这五个人的观点、行为和思维方式。和那些你愿意花大量时间与之共处的朋友在一起，你也会成为和他们一样的人。

在表格左边列出五个你目前与之在一起度过了大量时间的人。按照频率高低从1至5逐渐往下排列。在右侧的表格中写下你最想与之在一起度过时间的五个人。

	现实中相处的朋友	希望与之相处的朋友
1		
2		
3		
4		
5		

如果列表两侧相互匹配，那就太好了。但如果情况并非如此，你可以考虑一下如何从长远角度建立起更好的平衡。

如何花更多的时间与那些对你来说非常有意义的人在一起呢？请在下面写下你准备的方法。

Praxis

恐 惧

许多人总是坚持保留一些东西和习惯，即使这些东西和习惯并不太好。这是因为对于他们来说，变化或失去带来的恐惧太强烈了。事实上，这种固执的坚持只会阻止我们发挥真正的潜力，无法成为最好的自己。而当你真正去深入分析自己的恐惧时，这种恐惧好像又消失了。因为在现实中，我们担心的事情绝大部分都不会发生。所以，如果你能够设法释放自己的恐惧，那么大量可以用于积极事物的力量和精力也会被释放出来。加油，一定要对你的生活有信心！

请在这里写下你的三大恐惧和忧虑，考虑一下可能会存在的后果并问一问自己：可能会发生的最糟糕的事情是什么？记录下你的解决方案。

1	恐惧	
	后果	
	解决方法	

2	恐惧	
	后果	
	解决方法	

3	恐惧	
	后果	
	解决方法	

笔记

笔记

笔记

笔 记

笔 记

笔 记

大多数人都高估了他们在一天里能做的事情，同时又低估了他们在一年里能做的事情。

3

Minimalismus und Dankbarkeit

我的极简感恩日记

你的日记

365天

极简主义并不意味着拥有的东西特别少，而是要在生活中留下真正合适的东西，同时学会感恩。所有多余的东西都可以放弃。为了锻炼和培养这种生活态度，在这本实践手册中有一个极简感恩日记，里面有52张可以自行标注日期的周报。你可以随时展开行动，让告别和感恩进入你的日常生活。每页周报都从一项任务或者一条发人深省的引语开始，伴你度过一整个星期。周报的每一页都有两栏，你可以每天记录自己告别了哪些物品，又对哪些事物感恩。记日记的目的是让你放弃所有不能让生活更加丰富的东西，将时间、空间和注意力留给那些对你来说有益的物品。

告别日记

它还是一本告别日记，你可以记录下一年里你每天放弃的东西。这些东西可能是对你没有任何帮助、不能丰富生活、不会使用或不喜欢的物品，也可能是坏习惯或者糟糕的人际关系。每天花点时间在告别日记中记录下这些东西，是给了它们最后的尊重，将它们保存下来的同时也与之彻底告别。

感恩日记

记录感恩日记可以引导你专注于生活中积极而有价值的那些方面。它们可能来自你日常生活中的各种精彩经历：一次美丽的邂逅、一段非同寻常的经历、一次意义深刻的对话、一次冒险，甚至是一首你最喜欢的歌曲。

到年底时，你就建立了一份档案，上面记录了你一年中的各种精彩的回忆，你可以一遍又一遍地回顾，并为此自豪、幸福和感恩。

精彩的经历

在本书的112和113页，你可以回顾这一年的极简经历，再次总结你的经验和精彩回忆。当然，经历了一年，你的生活发生了很大的变化，你的思维方式和看待事物的方法也会相应改变。你会开始注意生活中美丽而宝贵的时刻和经历。同时，在极简生活这个领域，相信你已经成为一名真正的行家了。

感悟
告别日记
感恩日记
只有在失去一切之后，你才能获得做任何事情的自由。
——电影《搏击俱乐部》主人公泰勒·德登
我舍弃的
我感激的
裂缝的蓝色杯子
我精致的小公寓
周一
磨损的咖啡随行杯，为自己买了一个新杯子
收到了小惊喜
周二
和同事一起说坏话
和妈妈的通话
周三
讨厌的摇摆舞课
我的第一堂瑜伽课
周四
7只袜子
雨后的空气，让我感受到春天的气息
周五
沉闷的电视剧
我挑选的这部电影
周六
一叠报纸
床上的早餐
周日
第　周：20　年　月　日至20　年　月　日
日期

为什么？

找出你想尝试极简生活的原因。你想过哪一种生活？（第2页）

	我放弃的	我感激的
周一		
周二		
周三		
周四		
周五		
周六		
周日		

第　周：20　年　月　日至20　年　月　日

只有在失去一切之后，你才能获得做任何事情的自由。

——电影《搏击俱乐部》主人公泰勒·德登

我放弃的	我感激的	
		周一
		周二
		周三
		周四
		周五
		周六
		周日

第　周：20　年　月　日至20　年　月　日

减 少

把自己从所有不能让生活更加丰富的物品、习惯和压力中解放出来。（第3页）

	我放弃的	我感激的
周一		
周二		
周三		
周四		
周五		
周六		
周日		

第　　周: 20　　年　　月　　日至20　　年　　月　　日

学会放弃
才是幸福的关键。

我放弃的	我感激的	
		周一
		周二
		周三
		周四
		周五
		周六
		周日

第　周：20　年　月　日至20　年　月　日

Minimalismus und Dankbarkeit

感觉舒适的数字

要放弃多少东西，才能让你的物品达到令人舒适的数量？

	我放弃的	我感激的
周一		
周二		
周三		
周四		
周五		
周六		
周日		

第　周：20　年　月　日至20　年　月　日

原来我不需要的东西有这么多啊！

——苏格拉底，古希腊哲学家

我放弃的	我感激的	
		周一
		周二
		周三
		周四
		周五
		周六
		周日

第　　周：20　　年　　月　　日至20　　年　　月　　日

Minimalismus und Dankbarkeit

清晰度

只保留那些能带给你正能量的东西，其他的都可以放弃。

	我放弃的	我感激的
周一		
周二		
周三		
周四		
周五		
周六		
周日		

第　周: 20　年　月　日至20　年　月　日

拥有物品比较少的人不那么容易陷入疯狂。

——弗里德里希·威廉·尼采，德国哲学家

我放弃的	我感激的	
		周一
		周二
		周三
		周四
		周五
		周六
		周日

第　　周：20　　年　　月　　日至20　　年　　月　　日

梦幻之旅

极简生活可以让你意识到哪些东西对你来说更重要。

	我放弃的	我感激的
周一		
周二		
周三		
周四		
周五		
周六		
周日		

第　周: 20　年　月　日至20　年　月　日

简单点。找出本质，其他的都可以放弃。

——里奥·巴伯塔，美国作家

我放弃的	我感激的	
		周一
		周二
		周三
		周四
		周五
		周六
		周日

第　周：20　年　月　日至20　年　月　日

目标拼贴画

你优先考虑的事和当前的生活模式与你想要的生活相符吗?

	我放弃的	我感激的
周一		
周二		
周三		
周四		
周五		
周六		
周日		

第　　周:20　　年　　月　　日至20　　年　　月　　日

拥有自己的事业是件很美妙的事，但绝不能因为事业而搞垮自己。

——玛丽莲·梦露，美国演员

我放弃的	我感激的	
		周一
		周二
		周三
		周四
		周五
		周六
		周日

第　　周：20　年　月　日至20　年　月　日

愿 望

你是现实生活的缔造者，每天都要或多或少地决定你想要的是什么。

	我放弃的	我感激的
周一		
周二		
周三		
周四		
周五		
周六		
周日		

第　周：20　年　月　日至20　年　月　日

与被现实摧毁的人相比，真正富有的人的灵魂里有更多的梦想。

——汉斯·克鲁帕，德国诗人、作家

我放弃的	我感激的	
		周一
		周二
		周三
		周四
		周五
		周六
		周日

第　周：20　年　月　日至20　年　月　日

四个步骤

放手其实很容易，通过四个步骤就可以走进极简的生活方式。（第12、13页）

	我放弃的	我感激的
周一		
周二		
周三		
周四		
周五		
周六		
周日		

第　　周：20　　年　　月　　日至20　　年　　月　　日

每个人都在寻找支持，
而唯一可靠的支持就是放手。

——哈珀·科尔克林，德国喜剧演员、作家

我放弃的	我感激的	
		周一
		周二
		周三
		周四
		周五
		周六
		周日

第　　周：20　　年　　月　　日至20　　年　　月　　日

你的衣柜

极简主义者的衣柜应该由他最喜欢的衣物组成。

	我放弃的	我感激的
周一		
周二		
周三		
周四		
周五		
周六		
周日		

第　周：20　年　月　日至20　年　月　日

简约，是做到真正优雅的关键。

——可可·香奈儿，法国时装设计师

	我放弃的	我感激的
周一		
周二		
周三		
周四		
周五		
周六		
周日		

第　　周：20　年　月　日至20　年　月　日

决策工具

在尝试放手的最初总是会遇到一些困难。

	我放弃的	我感激的
周一		
周二		
周三		
周四		
周五		
周六		
周日		

第　周：20　年　月　日至20　年　月　日

我真的应该这样做吗？还是因为喜欢多一点儿？

——德国肥面包乐队的歌曲*Jein*中的歌词

我放弃的	我感激的	
		周一
		周二
		周三
		周四
		周五
		周六
		周日

第　周：20　年　月　日至20　年　月　日

房 子

你的家是你的小岛，也是你的港湾。在这里，你可以感受到安全与宁静。

	我放弃的	我感激的
周一		
周二		
周三		
周四		
周五		
周六		
周日		

第　　周：20　　年　　月　　日至20　　年　　月　　日

不要在屋子里摆放任何你觉得没有用或者不好看的东西。

——威廉·莫里斯，英国画家、设计师、作家

我放弃的	我感激的	
		周一
		周二
		周三
		周四
		周五
		周六
		周日

第　　周：20　　年　　月　　日至20　　年　　月　　日

Minimalismus und Dankbarkeit

备忘录

通过一些练习，放手的过程会变得容易一些。请开始对生活中的各个方面进行整理。

	我放弃的	我感激的
周一		
周二		
周三		
周四		
周五		
周六		
周日		

第　周：20　年　月　日至20　年　月　日

整理无关紧要的东西是处世之道的核心。

我放弃的	我感激的	
		周一
		周二
		周三
		周四
		周五
		周六
		周日

第　　周：20　　年　　月　　日至20　　年　　月　　日

消费间歇

和自己约定，在一段时间内不进行任何消费。你的时间更有价值。

	我放弃的	我感激的
周一		
周二		
周三		
周四		
周五		
周六		
周日		

第　　周：20　　年　　月　　日至20　　年　　月　　日

我最喜欢的自然是免费的东西，而我们在生活中拥有的最值钱的东西就是时间。

——史蒂夫·乔布斯，美国企业家

我放弃的	我感激的	
		周一
		周二
		周三
		周四
		周五
		周六
		周日

第　　周：20　　年　　月　　日至20　　年　　月　　日

财务明细

时间就是金钱。你真的知道你把钱花在哪儿了吗？

	我放弃的	我感激的
周一		
周二		
周三		
周四		
周五		
周六		
周日		

第　　周：20　　年　　月　　日至20　　年　　月　　日

太多人在花着他们尚未挣到的钱，买着不需要的东西，只是为了给他们并不喜欢的人留下深刻的印象。

——威尔·罗杰斯，美国幽默作家

我放弃的	我感激的	
		周一
		周二
		周三
		周四
		周五
		周六
		周日

第　周：20　年　月　日至20　年　月　日

Minimalismus und Dankbarkeit

减少固定支出

少一些支出便意味着多一些自由，看看有哪些固定支出是你可以舍弃的。

	我放弃的	我感激的
周一		
周二		
周三		
周四		
周五		
周六		
周日		

第　周：20　年　月　日至20　年　月　日

节俭是一笔不错的收入。

——西塞罗，古罗马政治家、哲学家

我放弃的	我感激的	
		周一
		周二
		周三
		周四
		周五
		周六
		周日

第　　周：20　　年　　月　　日至20　　年　　月　　日

时 间

每一秒都是珍贵的，因为它将一去不复返。

作为一名极简主义者，你需要更多的时间去做重要的事情。

	我放弃的	我感激的
周一		
周二		
周三		
周四		
周五		
周六		
周日		

第　　周: 20　年　月　日至20　年　月　日

记住：
不要浪费时间。
——埃里希·凯斯特纳，德国作家

我放弃的	我感激的	
		周一
		周二
		周三
		周四
		周五
		周六
		周日

第　　周：20　年　月　日至20　年　月　日

恐 惧

如果你能设法从恐惧和忧虑中解脱出来，你将获得真正的自由。

	我放弃的	我感激的
周一		
周二		
周三		
周四		
周五		
周六		
周日		

第　周：20　年　月　日至20　年　月　日

每天留出三十分钟打个盹儿，
不去想烦恼的事。

——亚伯拉罕·林肯，美国第16任总统

我放弃的	我感激的	
		周一
		周二
		周三
		周四
		周五
		周六
		周日

第　　周：20　　年　　月　　日至20　　年　　月　　日

习惯

那些生活中不断重复的事物塑造了你。是时候审视你的习惯了。

	我放弃的	我感激的
周一		
周二		
周三		
周四		
周五		
周六		
周日		

第　　周：20　　年　　月　　日至20　　年　　月　　日

未来并不是命运给我们的一击，
而是我们今天所做的决定带来的结果。

——弗兰兹·阿尔特，德国记者

我放弃的	我感激的	
		周一
		周二
		周三
		周四
		周五
		周六
		周日

第　周：20　年　月　日至20　年　月　日

Minimalismus und Dankbarkeit

说“不”

对过度紧张、期望所带来的压力和强制性的日程安排说“不”。每次说“不”，你都将获得一次说“是”的机会。

	我放弃的	我感激的
周一		
周二		
周三		
周四		
周五		
周六		
周日		

第　周：20　年　月　日至20　年　月　日

紧张的日程安排
远不代表充实的生活。

——库尔特·图霍夫斯基，德国诗人

我放弃的	我感激的	
		周一
		周二
		周三
		周四
		周五
		周六
		周日

第　周：20　年　月　日至20　年　月　日

Minimalismus und Dankbarkeit

什么都不做

和自己约定，这一刻什么都不做，远离日常生活，好好休息一下。

	我放弃的	我感激的
周一		
周二		
周三		
周四		
周五		
周六		
周日		

第　周：20　年　月　日至20　年　月　日

休息也是音乐的一部分。

——斯蒂芬·茨威格，奥地利作家

我放弃的	我感激的	
		周一
		周二
		周三
		周四
		周五
		周六
		周日

第　　周：20　　年　　月　　日至20　　年　　月　　日

学 习

极简主义可以帮你省钱、省时间，你可以把节省下来的一部分投资到自己身上。

	我放弃的	我感激的
周一		
周二		
周三		
周四		
周五		
周六		
周日		

第　　周：20　年　月　日至20　年　月　日

如果你总是做经常做的事，
那么你得到的还是你经常得到的东西。

——亨利·福特，美国企业家

我放弃的	我感激的	
		周一
		周二
		周三
		周四
		周五
		周六
		周日

第　周：20　年　月　日至20　年　月　日

旅 行

每次旅行，你都会变得更加富有。学会享受轻装上阵给你带来的自由。

	我放弃的	我感激的
周一		
周二		
周三		
周四		
周五		
周六		
周日		

第 周: 20 年 月 日至20 年 月 日

最大的景点就是身边的世界，
好好看看它吧。
——库尔特·图霍夫斯基，德国诗人

我放弃的	我感激的	
		周一
		周二
		周三
		周四
		周五
		周六
		周日

第　　周：20　年　月　日至20　年　月　日

勇 气

这不是彩排，勇敢点，去实现你的梦想。

	我放弃的	我感激的
周一		
周二		
周三		
周四		
周五		
周六		
周日		

第　周：20　年　月　日至20　年　月　日

让我们面对现实，
让我们忠于理想。

——切·格瓦拉，古巴革命家

我放弃的	我感激的	
		周一
		周二
		周三
		周四
		周五
		周六
		周日

第　　周：20　　年　　月　　日至20　　年　　月　　日

习 惯

哪些习惯和过程对你有益？新的一天你想如何开始，又如何结束？

	我放弃的	我感激的
周一		
周二		
周三		
周四		
周五		
周六		
周日		

第　周：20　年　月　日至20　年　月　日

宁静、平和、沙发、一杯茶，
这些超越了一切。

——特奥多尔·冯塔纳，德国作家

我放弃的	我感激的	
		周一
		周二
		周三
		周四
		周五
		周六
		周日

第　周：20　年　月　日至20　年　月　日

分 享

与朋友分享你的感受，这样你们双方都会很充实。

	我放弃的	我感激的
周一		
周二		
周三		
周四		
周五		
周六		
周日		

第　　周：20　　年　　月　　日至20　　年　　月　　日

快乐是唯一一个在人们分享时会加倍的东西。

——阿尔贝特·施韦泽，诺贝尔和平奖获得者

我放弃的	我感激的	
		周一
		周二
		周三
		周四
		周五
		周六
		周日

第　　周：20　年　月　日至20　年　月　日

自 爱

生活中最重要的关系是与自己的关系。不要吝啬送给自己爱和同情。

	我放弃的	我感激的
周一		
周二		
周三		
周四		
周五		
周六		
周日		

第　周：20　年　月　日至20　年　月　日

你的价值在于你是谁，而不是你拥有什么。

——托马斯·爱迪生，美国发明家、企业家

我放弃的	我感激的	
		周一
		周二
		周三
		周四
		周五
		周六
		周日

第　周：20　年　月　日至20　年　月　日

回 顾

祝贺你！你可以自豪地回顾这充满了告别和感恩的极简之年了。

现在，你可以再次反思和检查这一年里发生的一切。

哪些东西让你觉得难以放手？哪些告别让你引以为豪？
哪一件物品你一秒都没有错过？

告别日记中的精彩之处	
一月	
二月	
三月	
四月	
五月	
六月	
七月	
八月	
九月	
十月	
十一月	
十二月	

展 望

在过去的365天里，你练习了感恩。感恩不仅仅是一种美德，还会改变你的感知，让你看到生活中美丽的那一面。现在，在你的生活中占据上风的不再是那些有所缺失的东西，你会感到自己收获满满，变得更加富有。

你的感恩日记中最美丽的回忆是什么？
你可以在这里记录下让生活丰富起来的各种回忆。

感恩日记中的精彩之处	
一月	
二月	
三月	
四月	
五月	
六月	
七月	
八月	
九月	
十月	
十一月	
十二月	

笔 记

笔 记

笔记

笔记

笔记

笔记

我们应该有两种生活。
当我们意识到自己只有一种生活时，
第二种就开始了。

——汤姆·希德勒斯顿，英国演员

4

Mehr

多一些

Mehr

欢迎到达彼岸

你做到了

可以这么说，多亏了极简主义，你把自己给“拆了”。在过去的一年中，你把自己从多余的东西里解放了出来，同时也更好地认识了自己。你可以自豪地拍拍自己的肩膀，给自己鞠个躬，然后从第9页的奖励中挑选一些东西。

多一些

也许生活是一场梦想中的音乐会，一切都会如你想象的那样。现在不妨想一想，什么是你希望在生活中多一些的？

将适合你的选出来，也可以在下面补充自己的观点。

日出·感觉·笑容·DIY·秩序·裸泳·宁静·学习·孩子·允许犯错
在淋浴时唱歌·依靠·慢食·清晰·爱·令人大汗淋漓的运动·蛋糕
幻影·知心人·无包装购物·梦想·时间·难忘的时刻·抚摸小狗

我想要多一些

Mehr

好习惯

每个人都是自身习惯的总和，不断重复的事情成就了现在的你。一个新的行为需要21天才能成为一种习惯。一些手机应用程序可以帮你检查习惯的养成情况，激励你保持新习惯。

写下你在某一天中做的有益的事情，并补充上你自己相对积极的习惯。
你可以简单地画×，或是将小格子涂上，涂的格子完整与否与你在那一天做这件事的程度相对应。

例如：如果你在某一天自己做了一顿饭，可以画三分之一个格子。如果你某天三餐都是自己在家准备的，那就可以将整个格子涂满。通过这种方式你就可以轻松地记录下自己的习惯。

月份 ____________

习惯	天数	1	2	3	4	5	6	7	8	9	10	11	12	13	14	15	16	17	18	19	20	21
	极简主义进程																					
	感恩日记																					
	早睡																					
	多喝水																					
	做运动																					
	准时下班																					
	自己下厨																					
	会见朋友																					
	讲道理																					
	冥想																					
	帮助他人																					
	晨间惯例																					
	夜晚惯例																					
	爱自己																					

Mehr

说“是”，更多地说“不”

极简主义帮助我们认识到了生活中的优先级。不断减少的生活方式会帮我们反复确定什么才是真正重要的事情。为了强化这个习惯，我要邀请你在一星期内有意识地说“是”和“不”。有些人很难将自己的需求放在第一位，因为太多的日程安排和问题会让他们感到负担和压力。一个明确的“不”，对别的事物来说往往是“是”。每个“不”都会为自己创建一个自由的空间。

多多练习有意识且不带内疚感地否定或充满信心地肯定。
什么事让你感到高兴？你为什么想说“是”？

对此我说了“不”	对此我说了“是”

Mehr

什么都不做

无所事事、白日梦、冥想、放松，让你的灵魂四处游荡，哪怕只是望着墙壁出神。对于现代人来说，“单纯地什么也不做”绝对算得上一项真正的挑战。诱惑、消息、约会和任务总是持续不断。有些人总是担心错过什么。社交网络引发了“错失恐惧症”的出现，太多人的生活都像是在不停地冒险。

作为一名专注的极简主义者，你需要有意识地休息。和自己做一个约定，在一段时间里什么也不做，以此隔绝来自外部的所有干扰和影响。悄悄关闭手机，放弃音乐、阅读、网络、电视及交谈。倾听自己，关注内心的需求。

在一天中找到一段只属于自己的时间。哪怕只有短短的十分钟，也足以让你充实起来。请在这里写下你利用时间的情况。

日程安排	是否遵循

Mehr

学 习

自我激励和学习新事物是最棒的积极消费的形式，而且与极简生活方式也是相符的。

请在这里写下让你感到激动、能引发你兴趣的事。

你想读哪本书？看哪个展览？尝试哪个菜谱？听哪些方面的有声读物？

新事物	计划时间

Mehr

礼 物

极简主义者更喜欢时间而非物品的馈赠。

请仔细思考，在下面写下什么时候、和谁一起、做什么的经历会给你带来快乐。

什么时候	和谁一起	做什么

时间·自己采摘的樱桃·在桑拿房里流汗·根据奶奶的食谱制作的蛋糕

路边的一束花·在篝火旁讲故事·倾听·参加音乐会·你的心意

足疗·给父母和朋友写信·陶艺课·自行车之旅与野餐·露营

请在这里写下其他的非物质的礼物创意。

Mehr

旅 行

在旅行时你会发现，要想获得快乐，真正需要的东西其实很少。行李越轻，你得到的自由就越多。在这里，你可以将所有你想去的目的地记录下来，无论远近。仔细想想，你希望谁陪你去？在什么时候去？然后你就可以直接开始做计划了。旅行并不一定是大型的世界之旅。骑自行车、乘火车或者步行的小型环保之旅也可以让你放慢脚步、开阔视野。

请在这里写下你想要去的地方。

目的地	和谁一起	什么时候

Mehr

勇 气

在生活中你一直想做的是什么？你多年来的梦想是什么？换一份新的工作？搬家？或者追求一份轰轰烈烈的爱情？然而到目前为止，你还是有各种各样不能行动的借口：没时间、没钱、没勇气。相信自己，毕竟，你只活一次。

请在这里与你的未来做一个约定。

你想做什么	为什么	什么时候

Mehr

清晨惯例

在过去的生活中，你可能因为没有时间，而放弃了尝试极简的生活方式。但现在你可以好好想想了，一个完美的早晨应该是什么样子呢？没有过多的手忙脚乱，不用抓一片面包匆匆出门，更没有等待处理的电子邮件。每个清晨都是神圣的，应该只属于你一个人，毕竟一天的开始对接下来的日程安排影响非常大。

在这里写下你的清晨完美计划。

你想在什么时间起床？

在床上吃早餐·在淋浴时唱歌·睡到自然醒
舒适地赖在床上·冥想·跑上一圈·一场性爱·柠檬水·看太阳升起·瑜伽
麦片粥·宁静·把灵感记录在纸上·冷热水交替浴·坚持最后的梦想
制订计划·看窗外·静静地喝咖啡·阅读·锻炼心脏
听音乐·说“我爱你”

Mehr

夜晚惯例

以一个美丽的夜晚来结束忙碌的一天。你可以从一个有益身心的小仪式开始。

晚上的好习惯会让你获得高品质的睡眠，让身心都得到充分的休息。

仔细思考，在这里写下你在夜晚的完美计划。

你想在什么时间睡觉？

散步·洗澡·阅读·反思一天的经历·撰写感恩日记·接着写极简主义日记

点蜡烛·准备好第二天要穿的衣服·用五分钟整理公寓

让梦想可视化·朗读·按摩·伸展运动·早睡·冥想

为第二天做计划·喝茶·唱歌·放松训练·收听播客·说“我爱你”

Mehr

爱

爱在你的思维中起什么作用？把你的爱意告诉你心里的那些人，这一点儿也不俗气。打电话、写信、唱歌、烤蛋糕、画一幅画或者直接发自内心地告诉他们。

请在这里写下，你想告诉谁，他/她对你来说意味着什么。

谁

什么

怎么做

什么时候

Mehr

爱自己

在经历极简主义生活习惯的培养后，你会发现一个秘密：为了获得快乐，人们并不需要太多的东西，更不用说那些多余的东西了。你拥有的已经足够了。

多爱自己一点儿。

写下你喜欢什么，你引以为豪的是什么。你自己就是给世界的一份礼物。

写给自己的最美、最真诚的情书

笔记

笔 记